folio benjamin

GW00888935

ISBN : 978-2-07-054802-6
© Gallimard Jeunesse, 1997,
pour le texte et les illustrations,
2001, pour la présente édition
Numéro d'édition : 154318

Loi n° 46-956 du 16 juillet 1949
sur les publications destinées à la jeunesse
1er dépôt légal : octobre 2001
Dépôt légal : septembre 2007
Imprimé en Italie par Zanardi Group
Réalisation Octavo

Pef

Le petit Motordu

GALLIMARD JEUNESSE

En ce temps-là,
le petit Motordu n'était pas encore
le célèbre prince de Motordu
qu'il allait devenir.

Ses parents, la comtesse
Carreau-Ligne de Motordu et son mari,
le duc S. Thomas de Motordu,
l'aimaient bien sûr de tout leur cœur.

Dès que l'enfant fut en âge de marcher,
on espéra qu'il allait rapidement
nommer tout ce qui l'entourait.
Mais le petit Motordu
ouvrait sur le monde de grands yeux
étonnés et demeurait silencieux.

Un jour, comme son père
lui tendait les bras,
le jeune prince s'y précipita
et l'embrassa
jusque dans les moustaches.
– Papa… !

Le petit prince de Motordu parlait !
Enfin !
Son père en fut très ému,
évidemment, mais aussi
quelque peu étonné.
– Comment ?

– Papa ! répéta le bambin.
– Brave petit ! s'exclama
le duc de Motordu. Le langage
est une chose toute nouvelle pour toi,
il est donc normal que tu t'y perdes un peu.

Mais dans la famille Motordu
on parle en mots tordus.
On dit donc « tata » à son père
et non « papa » !
Et celui qui voulait se faire appeler
« tata » reposa son fils par terre.

– Papa ! répéta l'enfant pour
la troisième fois.
– On dit « tata », répliqua aussitôt le duc,
et non pas papa, pas papa !
– Papapapapapa, s'amusa
le petit Motordu.

Alors le duc de Motordu, totalement
découragé, s'éloigna, la larme à l'œil,
préférant s'en aller arroser
les fleurs de son jardin.

C'est là que le trouva son épouse
Carreau-Ligne, de retour
des commissions.
– Mais, mon chéri, vous avez
l'alarme à l'œil !

– Qui vous a volé votre bonne humeur ?
– C'est notre fils, soupira le jeune père,
il n'a pas l'air normal.
– Il est salade ? s'inquiéta la maman.
Lui avez-vous pris sa fève ?

Le duc hocha la tête.
– Ah, c'est la fin des haricots et je…
Mais déjà, la mère du petit Motordu était
auprès de son fils qui cherchait son père
en faisant un bruit bizarre avec sa bouche :
– Papa ?

– … iapapa ouïapapapa ?

Le cœur de la comtesse
se serra douloureusement
mais elle n'en laissa rien paraître.
– Mon tendre amour, regarde
ce que je t'ai rapporté
du marché.

L'enfant souleva le couvercle
d'une boîte et en tira
un magnifique…
– Chapeau ! s'exclama-t-il.

– Ah non ! rectifia sa mère,
je t'ai offert un château.
Ainsi ta tête sera-t-elle à l'abri
du méchant soleil
et de la méchante pluie.
– Chapeau ! chapeau !
s'obstina l'enfant.

Les parents du petit prince attendirent
que l'enfant soit bien endormi
pour discuter de ce grave problème.
Le duc se lamentait :
– Notre fils à nous, les Motordu,
ne parle pas tordu ! Ce n'est pas
normal, quel malheur !
La comtesse essaya de le consoler :
– Il va peut-être faire des progrès,
et tout va s'arranger, espérons-le !
Mais le duc n'était pas convaincu.

– Tout de même, mettre un chapeau
sur sa tête, c'est grave !
Mon fils n'est pas notre fils !
Carreau-Ligne lui tapota la main :
– Allons, votre mauvais sang
me fait beaucoup de veine !

Mais le duc, déjà, pensait à l'avenir :
– Ce petit ne prendra aucun plaisir
à apprendre par peur la fable
du corbeau et du renard !

– Alors que la table du corps gros
et du gros lard, quelle rigolade !
pouffa la comtesse.

Le lendemain, les parents emmenèrent
le petit prince en promenade.
– Mon chéri, regarde ces boules,
dans le pré, dit la maman.
Elles sont drôlement polies,
elles roulent, roulent, pour que les œufs
de toutes ces boules soient bien ronds,
bien doux, bien polis.

– Jolies poules ! cria l'enfant.
– Polies boules ! cria plus fort le père
en secouant la poulette pliante
qui transportait son fils.
– Jolies poules !
– Crotte, crotte, crotte, colère !
hurla le duc.

Le retour à la maison
s'effectua rapidement.
– Mais on ne lui a pas encore montré
les cheveux, les bâches, les cafards !
protestait la comtesse.
– Les chevaux, les vaches
et les canards ! corrigeait son fils.

Le duc se désolait encore.
– Si au moins il disait les dadas,
les meuh-meuh et les coin-coin,
il y aurait un peu d'espoir !
Mais c'est à croire que notre fils
ne voit pas les mêmes choses que nous.
S'il ne devient pas rapidement tordu,
sa vie sera un enfer.

Alors, le lendemain,
les pauvres parents du petit Motordu
enfermèrent celui-ci
dans une chambre qu'ils avaient
à moitié remplie de chapeaux
de toutes les formes,
de toutes les tailles
et de toutes les couleurs.

– Ah, tu veux des chapeaux,
rugit le père, eh bien, en voilà.
J'espère que tu en auras
une indigestion, mauvais fils !

Et le duc et la comtesse de Motordu
refermèrent la chambre de leur fils.
Puis ils montèrent sur un bateau
à carreaux blancs et noirs
et entamèrent une partie de rames.
Mais le cœur n'y était pas
et ils retournèrent près
de leur jeune enfant, devant
l'entrée de sa chambre.

Le lent pion

– Tu peux sortir, annoncèrent-ils enfin,
c'est ouvert.
– Non, c'est tout bleu,
fit une petite voix derrière la porte.
Les parents sursautèrent.
Avaient-ils bien entendu ?

– Tu peux répéter ? supplia la mère
qui n'en croyait pas ses oreilles.
C'est fermé ou c'est ouvert ?
– Non, maman, c'est tout bleu.
De bonheur, les parents
faillirent défoncer la porte.

Dans la chambre, le petit prince
de Motordu avait réalisé
un extraordinaire
échafaudage
de chapeaux.

Tendant le bras en direction
de la fragile construction,
il la nomma ainsi :
– Château ! château !
Le duc faillit s'évanouir.
– Mon fils, ma chair, mon sang.
Je le savais, tu es tordu,
tu es sauvé !

Depuis ce jour mémorable,
le petit Motordu connut
une enfance normale,
digne de sa famille.
Tout naturellement, il chassait
les perles du jardin pour mieux
les entendre siffler.

Il menait au pré
son petit troupeau de bâches
ou de boutons et fredonnait :
« Le bon roi Dagobert
a pris l'autoroute à l'envers... »

Mais, pour fêter l'arrivée de son fils
dans le monde des tordus,
sa maman prit soin
de confectionner ce fameux
chapeau-château qui ne devait
plus jamais quitter
la tête du prince de Motordu !

folio benjamin